Luna en de Magische AI Kwast

Een AI Made Simple Boek

Verhaal:

Bessie Schenk & Rob van der Veer

Illustraties:

Mireille van Yperen

Vertaling:

Vincent de Jong

De Seriously Simple boeken maken grote onderwerpen begrijpelijk voor kinderen.
Alle verhalen zijn geschreven in samenwerking met experts in de digitale onderwerpen.
Luna en de Magische AI Kwast is het eerste boek in de Seriously Simple-serie.

Colophon

Luna en de Magische AI Kwast ©
Een AI Made Simple Boek ©
Seriously Simple-Serie Boeken ©
Onderdeel van Happy Forward BV ©

Copyright verhaal © Bessie Schenk + Rob van der Veer
Copyright van An AI Made Simple Book © Bessie Schenk

Tekst & Illustraties: DTP-hulp.nl
Opmaak: DTP-hulp.nl
Auteur & Illustrator foto's: Paco van Leeuwen Photography
Vertaling: Vincent de Jong

Eerste druk: oktober, 2024
ISBN: 9789083414485
NUR: 273

Gepubliceerd in Nederland
Eerste druk in Polen
Handelsmerk van de serie is in behandeling

Voor Arya, die verbeelding, creativiteit en magie in mijn
leven brengt, hoe snel mijn wereld ook beweegt.
– Bessie

Voor Joyce, mijn ingebeelde verteller van dit boek.
Haar unieke manier van voorlezen aan kinderen was
inspiratie voor elke pagina.
– Rob

Maak kennis met Luna.
Ze is een kunstenaar.

Niet zomaar een kunstenaar.
Een heel bijzondere kunstenaar!

Haar fantasie is zo groot als het hele universum (inclusief de lucht, de zeeën, en zelfs alle kleine piepkleine eilandjes die stipjes lijken op de kaart).

Luna heeft altijd met haar handen geschilderd. Letterlijk.
Eerst maakte ze impressionistische kunst:
Toen ze een baby was, schilderde ze met haar eten.
Haar ouders vonden dat, eh, geweldig.

Daarna maakte ze pop-art:
Toen ze een peuter was, schilderde ze met bubbels in bad.
Haar ouders vonden dat echt fantastisch.

Daarna maakte ze abstracte
kunst: Toen ze klein was,
schilderde ze met tandpasta
en scheerschuim.
Haar ouders vonden dat super,
duper, mega fantastisch.

Zoals je kunt zien, is ze steeds
beter geworden als kunstenaar.

Vandaag heeft ze besloten dat ze iets nieuws gaat proberen.
Ze gaat voor het eerst een kwast en papier gebruiken!

(Opmerking: Na jarenlang schilderen op muren, vloeren en
meubels zijn haar ouders heel, heel, HÉÉL blij met deze
nieuwe ontwikkeling.)

Ze loopt naar de kast en pakt papier, verf en een
pot met kwasten in alle kleuren, vormen en maten.

Vandaag gaat ze schilderen:

een robot-theekransje in een prachtige
ruimtejungle op een zwevend eiland, met een
liggend paard en een ijsje.

Ze pakt haar eerste kwast uit de pot, doopt het in
verschillende potjes verf en begint te schilderen.

10 uur, 100 pagina's, 1000 verschillende kwasten
en 10.000 verfstreken later is ze nog steeds niet
helemaal tevreden met het resultaat.

Als ze in de pot kijkt, ziet ze dat er nog één
kwast over is.

Het is een grote kwast met kleine knipperende lichtjes
en op het handvat staan de letters AI gegraveerd. Ze
twijfelt of ze deze kwast moet gebruiken, maar ze
is een kunstenaar, en een kunstenaar moet nieuwe
dingen blijven proberen.

Ze kijkt naar de kwast in de pot en begint hardop
te denken. "Oké dan, kwast. Laten we eens zien
of je een robot-theekransje in een prachtige
ruimtejungle op een zwevend eiland kunt
schilderen, met een liggend paard en een ijsje."

AI

WOESJ!

Vonken vliegen in het rond, kleuren exploderen,
en plotseling schiet de kwast recht de lucht in!!

"Zeker, Luna!"

POEF. KABOEM. Swoesj zwiep, flits, knal, kletter. KABAM!!! Stilte.

Tot haar verbazing heeft de kwast plotseling een
versie van een robot-theekransje in een prachtige
ruimtejungle op een zwevend eiland geschilderd,
met een liggend paard en een ijsje.

Luna weet niet wat ze ziet!

Ze had nooit gedacht dat de kwast
tot leven zou komen.

Door al het lawaai komen haar Moeder
en Vader de kamer binnenvliegen.

"Luna! Wat gebeurt er?"

"De kwast met de kleine knipperende lichtjes kwam tot leven."

Haar Moeder en Vader kijken elkaar aan.
Dan kijken ze, langzaam en voorzichtig, alle drie naar het schilderij.

Het is absoluut niet wat Luna had voorgesteld
voor haar meesterwerk. Ze wilde meer sterren.

"Oh, jee! Dat paard ligt niet op de juiste manier,"
zei haar moeder.

"Hmmmm, Magische kwast,
dit is nog niet goed. Kun je het
alsjeblieft opnieuw proberen?
Deze keer met meer sterren
en het paard liggend met zijn
benen ingetrokken?"

"Zeker, Luna!"
POEF. KABOEM. Swoesj, zwiep,
flits, knal, kletter. KABAM!!!

Stilte.

Een nieuwe versie van het schilderij is verschenen.
Opnieuw kijken ze langzaam en voorzichtig met z'n drieën naar het schilderij.

Deze keer zijn er te veel sterren, en het paard ligt op zijn zij en heeft geen benen, terwijl het een ijsje eet. Het ziet er nog steeds gek en raar uit.

"Hmmm… Ik denk niet dat paarden ijsjes eten," zei haar Vader.

"Hmmmm. Magische kwast, dit is nog steeds niet helemaal goed. Kun je alsjeblieft minder sterren maken en het paard op een normale manier laten liggen? Ik wil een robot-theekransje in een prachtige ruimtejungle op een zwevend eiland, met een liggend paard en een ijsje… zoals ik het in mijn hoofd zie."

De magische kwast stopt met
bewegen. Dan draait het langzaam
naar Luna toe.

"Oh, Luna. Dat kan ik niet.
Ik kan niet zien waar jij
aan denkt."

"Je kunt niet zien waar ik aan denk?"

"Nee."

"Ik ben wat ze een AI noemen. Dat betekent Kunstmatige Intelligentie.
Mensen hebben mij gemaakt. Wat ik bedenk is 100% gebaseerd
op hoe mensen mij getraind hebben."

Luna is verbaasd. "Hoe hebben ze je dan getraind
om te schilderen?"

"Ze hebben me heel veel foto's van verschillende dingen
laten zien. Maar alleen foto's van paarden die rechtop staan."

"Dus je bedenkt zelf niets vanuit je gedachten?"

"Nee. Ik probeer alleen dingen te schilderen die lijken
op wat ik eerder heb gezien."

"Luna, dit is anders dan een gewone kwast," zegt Moeder.
"Het is eigenlijk als een klein machientje. Het is bedoeld
om je te helpen, zodat je niet alles zelf hoeft te doen."

Luna denkt hier even over na.

"Wat als ik jou laat zien waar ik aan denk?"

"Oké, Luna. Hoe ga je me precies laten zien waar je aan denkt?"

In plaats van tegen de kwast te praten,
pakt Luna hem op. Daarna begint ze te schilderen
met de kwast in haar eigen hand.

POEF. KABOEM. Swoesj, zwiep,
flits, knal, kletter. KABAM!!!

Stilte.

En nu wordt er ook een vleugje van
Luna's fantasie en creativiteit toegevoegd.

Ongelooflijk! Daar, recht voor Luna en haar ouders, is
een robot-theekransje in een prachtige ruimtejungle op een
zwevend eiland, met een liggend paard en een ijsje.

Precies zoals ze zich had voorgesteld, in combinatie
met de handigheid van de magische kwast.

"Magische kwast?"

"Ja, Luna?"

"Je kunt me eigenlijk niet vervangen."

"Nee, klopt."

"Maar ik vind het leuk
dat je me hebt geholpen
met schilderen."

"Dank je, Luna."

"Ik denk dat de beste manier om geweldige kunst te maken met een vriend zoals jij is om je in de hand te houden. AI helpt me met schilderen...

maar de magie komt
nog steeds van mij."

Bezoek SeriouslySimpleBooks.com/fun-and-games
voor gratis downloadbare activiteiten